La Bergère de Villefranche.

LA BERGÈRE DE VILLEFRANCHE,

OU

LÉGENDE

DE SAINTE THORETTE,

Avec une introduction sur les devoirs et une conclusion sur les vertus des domestiques,

PAR M. L'ABBÉ BOUDANT,

CURÉ DE CHANTELLE, MEMBRE DE PLUSIEURS SOCIÉTÉS SAVANTES,

Pour la restauration de l'église des Dames Bénédictines de Chantelle.

Ouvrage approuvé par Monseigneur l'Évêque de Moulins et par plusieurs autres membres de l'Épiscopat.

MOULINS,

IMPRIMERIE DE P.-A. DESROSIERS ET FILS.

1858.

APPROBATION

DE MONSEIGNEUR DE DREUX BRÉZÉ,

ÉVÊQUE DE MOULINS.

—

M. l'abbé Boudant, curé de Chantelle et doyen de St-Barthélemy, nous ayant soumis un ouvrage dont il est l'auteur sur sainte Thorette, vénérée dans ce diocèse, Nous avons jugé cette légende très-propre en elle-même et par la manière dont elle est écrite, à nourrir la piété des fidèles, et nous faisons des vœux pour que ce livre produise les fruits de grâce que l'auteur a eus en vue, et serve, selon ses désirs et les nôtres, à l'utilité des personnes auxquelles il est destiné.

Donné à Moulins, le 21 avril 1858, en la fête de saint Anselme, docteur.

† PIERRE, *Evêque de Moulins.*

APPROBATION

DE MONSEIGNEUR DE CHARBONNEL,

ÉVÊQUE DE TORONTO (HAUT-CANADA).

—

CHER MONSIEUR LE DOYEN,

L'histoire de votre sainte bergère bourbonnaise est un bon livre de plus à placer entre les mains des jeunes personnes. Les vertus qui y sont mentionnées sont de mise partout, dans l'Ancien comme dans le Nouveau-Monde, au XIXe siècle aussi bien que dans les premiers âges de l'Eglise.

Les ouvrières et les domestiques de nos missions lointaines trouveront là, comme les vôtres, de salutaires exemples. Que Dieu bénisse l'œuvre et l'auteur !

Donné au château de Boussac, près Chantelle, le jour de l'Annonciation de la Sainte-Vierge, le 25 mars 1858.

† ARMAND, Fr. Ma., *Evêque de Toronto.*

INTRODUCTION.

—

Devoirs des Domestiques.

Chaque profession a ses devoirs : autre est l'obligation du maître, autre est l'obligation du serviteur ; et de l'accomplissement de ce qui incombe à chacun résultent des bénédictions immenses pour la famille chrétienne.

Une respectueuse obéissance, une fidélité sans bornes, tels sont les devoirs principaux imposés aux domestiques.

1° Dans une société bien organisée, il faut des chefs pour concevoir, et des inférieurs pour exécuter.

L'inégalité des conditions est tout-à-fait dans les desseins de la Providence : semblable aux rouages d'une machine qui s'engrènent les uns dans les autres afin d'exécuter ensuite leurs mouvements, ainsi l'humanité a besoin de rangs divers, de degrés différents, pour faire ses évolutions.

De quelle manière un domestique devra-t-il accomplir ce qui lui aura été légitimement prescrit ? Sera-ce par contrainte ou par manière d'acquit ?

Des vues plus hautes inspirent le chrétien. « *Serviteurs*, nous disent les Saints-Livres , *obéissez dans le Seigneur, entourez vos maîtres d'honneurs et de respects. Soyez soumis non seulement à ceux qui sont bons et modestes ; mais encore à ceux qui sont remplis de défauts.* »

La règle est toute tracée : c'est une obéissance mélangée de respect, que fera toujours paraître un domestique sage et religieux.

Quel sujet de mérites pour vous, chère et intéressante portion de la société , si vous supportez avec patience et sans murmurer, les brusqueries, les emportements , les exigences, parfois bien fatigantes , de ceux qui sont momentanément au-dessus de vous ! Mais, courage ! au jour qui rendra à chacun selon ses œuvres , peut-être ce maître, aujourd'hui si fier et si despote, sera-t-il bien bas au-dessous de vous. Toutefois, sachez-le, vous ne pourrez parvenir à ce degré de gloire que par une soumission d'autant plus héroïque, que son inspiration vous viendra du Ciel.

Toutes les fois donc que vos maîtres ne vous commanderont rien de contraire à la délicatesse, à la religion, à la vertu, exécutez leurs moindres volontés promptement, sans répliquer, sans témoigner jamais de la mauvaise humeur. Ayez un service agréable : cette qualité doublera le prix de vos soins.

2° Il est un devoir non moins essentiel qu'il faut actuellement vous signaler, c'est la probité. Dans ce siècle, plus que dans tous les autres, il semble que l'on ait tout dit sur le compte d'un domestique, quand on a pu formuler ce témoignage : *Il est fidèle.*

Ainsi, fidélité à vos maîtres, dignes serviteurs, non-seulement en ne leur faisant personnellement aucun tort ; mais en empêchant tout ce qui pourrait leur advenir de fâcheux. Prenez soin de leurs biens comme s'ils étaient les vôtres. Qu'entre vos mains économes et fidèles, tout fructifie et prospère. Jamais de paresse, jamais de négligences. Soyez sur ces points plus scrupuleux qu'on ne l'est d'habitude.

Que dirai-je d'un genre de bien mille fois plus précieux que l'or et toutes les fortunes de la terre? Vous m'avez compris : il s'agit de l'honneur et de la réputation des familles. Dans les maisons souvent les plus enviées et les plus prospères, il y a des dissensions, des troubles intérieurs, mille choses pénibles sous tous les rapports; ah ! loin de divulguer ces misères, c'est un devoir pour vous, à qui sont ouverts les secrets de ceux avec qui vous êtes mêlés; c'est un devoir de couvrir tous ces détails, de les anéantir dans le silence de la charité. Discrétion de votre part, braves serviteurs, discrétion généreuse et parfaite.

Et vous à qui se trouve confié le plus cher de tous les dépôts, nourrices, gouvernantes, ayez pour les jeunes enfants livrés à votre garde la même tendresse, la même vigilance que cette mère dont vous tenez la place. Quel compte terrible vous auriez à rendre, si vous apportiez la moindre négligence à des fonctions si importantes !

Tous donc, domestiques, qui que vous soyez, remplissez vos devoirs avec religion, avec amour, et un poids incommensurable de gloire vous sera donné un jour. Nous allons maintenant vous exposer la conduite à la fois sublime et simple d'une bergère accomplie, d'une servante dévouée. Puisse cet exemple vous inspirer et vous porter bonheur !

LÉGENDE
DE SAINTE THORETTE.

I.

ɪʟ est des existences d'autant plus sympathiques qu'elles ont été plus modestes. Telle est la jeune vierge qui se présente à notre vénération. Aucune action d'éclat n'a signalé son passage sur la terre. Pure et simple comme la nature au milieu de laquelle ont coulé ses jours, on aime, dans sainte Thorette, ces vertus cachées qui lui ont mérité la couronne des élus et les hommages des peuples. Un martyrologe estimé (1), fait une mention brève de cette patronne de Villefranche ; nul monument écrit ne nous rappelle ses miracles et ses vertus. La tradition locale, mais tradition profonde, tradition vivace qui lui conserve comme un héritage précieux au foyer de chaque famille, s'est jusqu'à ce moment chargée de nous en faire l'agréable détail.

Au milieu du siècle que nous traversons, en présence des idées sensualistes qui envahissent et nos villes et nos campagnes,

_____

(1) *Martyrol. universel*, par Chastelain.

n'est-il pas à craindre que ces récits vénérables ne s'affaiblissent ou ne s'altèrent ? N'est-il point temps qu'une plume chrétienne en conserve le souvenir ? Nous avons les biographies des Emmerich, des Zita, des Germaine, Cousin, elles aussi servantes ou bergères. Quelques pages donc semblent revenir à celle qui a été leur devancière et qui, sans contredit, eût pu leur servir de modèle.

Puisse notre légende, simple mais véridique, faire connaître la gloire d'une pauvre villageoise puissante au ciel ! Que cette narration, dictée par nos sentiments religieux et, j'oserais dire, patriotiques, éveille çà et là quelques bonnes pensées ! Nos vœux seront satisfaits et notre but rempli.

II.

C'est dans une métairie de l'ancien diocèse de Bourges, appelée Nouzillers, au pied de l'antique collégiale de Montcenoux, à quelques pas de la belle église de Villefranche, que notre sainte héroïne a fait éclater les plus touchants exemples de douceur et de piété, d'obéissance et de mortification, d'angélique pureté et de patience à toute épreuve.

Villefranche, simple bourg de 300 âmes on ne peut plus coquet, a été, sous les Archambaud, un centre important. Le nom que lui donnèrent ces princes (*Villa franca*) exprime les immunités extraordinaires qui lui furent alors octroyées (1). On porte à 12, ou même à 15,000, chiffre exagéré sans nul doute, le nombre des habitants qu'au temps de sa splendeur enfermaient ses murailles, défendues par des forts nombreux et surtout par une double ceinture de fossés. C'est à Villefranche qu'ont été établies les premières courses de chevaux, renouvelées tout récemment dans notre Bourbonnais. Le siége de la justice y fut transféré à la déchéance du château de Murat. A son tour, la ville chère à nos princes perdit son lustre et vit tomber sa couronne. Une pelouse verdoyante couvre aujourd'hui l'emplacement des redoutables fossés ; des fleurs et des fruits croissent aux lieux où se dressaient de menaçantes tours et des remparts crénelés. Au milieu de ces ruines, semblable à l'espérance qui reste à travers nos épreuves, seule apparaît la flèche de l'église ; plusieurs travées, toutefois, ont été ravies à ce monument, qui n'en demeure pas moins un des plus beaux morceaux de l'architecture romane dans notre province.

Le chemin de fer de Montluçon à Mou-

<hr>

(1) Chartes d'Archambaud VI et d'Archambaud IX ; — *Coutumes locales du Berry*, par Thaumas de la Thaumassière ; — *Anc. Bourbonn.*, t. 1, p. 281 et suiv.; — Archiv. de l'Allier.

lins longe à mi-côte tout le vallon de Ville-franche, et redonnera un peu de vie à cette contrée, autrefois si brillante.

Quant au monastère qui couronne le monticule voisin (*Mons cœnobii*), c'était un des chapitres les plus anciens du diocèse (1).

Il était desservi par treize chanoines de Saint-Ursin de Bourges, et portait lui-même le nom de cet apôtre du Berri. L'église, du XIe siècle, avait une étendue considérable ; les trois nefs aujourd'hui n'en forment plus qu'une seule, dépouillées qu'elles sont de leurs voûtes et de leurs piliers. Les deux transepts et le chœur n'ont été démolis que dans ces derniers temps. Les cellules des chanoines étaient bâties autour du monument ; chaque religieux avait son petit ménage séparé. L'un des chanoines de Mont-cenoux desservait l'église et la paroisse de Villefranche.

La pénurie des ressources, d'urgentes et coûteuses réparations à faire à l'église et aux résidences canoniales, contraignirent l'archevêque de Bourges, à la fin du XVIIe siè-cle, à prononcer la dissolution de ce cha-pitre. Dès lors, ce sol béni fut converti en ferme et ne présenta bientôt plus que le silence et la mort.

(1) Chart. d'Archambaud III ; —*Anc. Bourbonn.*; — Arch. du Cher et de l'Allier, *passim.*

Disons un mot de la métairie où vécut sainte Thorette. Tout prouve que c'était autrefois un village plus important. L'on n'y compte aujourd'hui que cinq chaumines délabrées. La plus apparente, en face de Montcenoux, montre au linçoir de sa fenêtre des ornements religieux : un calice, une hostie et un prie-Dieu. Un écu se voit à l'une des portes voisines.

Ce n'est ni dans l'une ni dans l'autre de ces deux maisons, autrefois indubitablement propriétés des Révérends Pères, qu'habitait notre modeste vierge ; mais dans celle qui est le plus au sud (1) et regardant ce vaste abreuvoir que l'on appelle l'Etang de Nouzillers. Heureuse demeure qui a donné une sainte à l'Eglise et une protectrice à tout le pays !

Du haut de l'esplanade d'où la pauvre servante dédaignait la terre et contemplait le ciel, un panorama grandiose se dessine devant vous. A gauche, Villefranche ; en face, Montcenoux, qui montre à ses pieds le célèbre *champ des Combes* dont nous parlerons bientôt. Puis, c'est une longue chaîne de montagnes, semées de bois et d'habitations champêtres, que terminent brusquement à droite les rochers de Murat et l'apparent castel de Châtignoux. Dans le

(1) Cette maison appartient à Mlle M..., de Villefranche.

fond du val, au milieu de prairies souvent inondées, coule le torrent de *Baisse-Moulin,* plus communément appelé le Ruisseau de Murat. Tout cet espace n'emporte qu'une lieue d'étendue sur une demie de large.

Tel est le théâtre sur lequel a paru l'angélique figure dont nous allons esquisser les traits.

III.

Dieu, qui dédaigne l'éclat du rang et les vaines distinctions après lesquelles on court si avidement aujourd'hui, a voulu nous laisser ignorer tout ce qui concerne l'origine et les premières années de sainte Thorette, le nom de ses parents, le lieu et l'époque de sa naissance. Il nous la fait voir immédiatement dans l'exercice plein et entier de sa vie domestique et champêtre. Tout porte à croire, néanmoins, qu'elle existait avant le XIIIe siècle ; nous en fournirons plus loin la preuve.

Vieille métairie où elle édifia ses maîtres, champs heureux qu'elle parcourait, rochers à l'ombre desquels elle se retirait pour prier, élevez la voix et révélez-nous quelques-unes des actions qu'elle eût voulu ensevelir à jamais dans sa chère solitude.

IV.

Le rôle d'une simple domestique, s'il est rempli avec zèle et piété, est tout aussi méritoire que celui de la plus haute princesse qui porte sur le front un diadême et commande à des peuples.

« *Je suis venu sur la terre*, disait autrefois le Sauveur, *non pour être servi, mais pour servir moi-même.* » Et le chef de son Eglise ne regarde-t-il pas comme le plus beau de ses titres d'être *le serviteur des serviteurs de Dieu.* C'est ce que, dans tous les siècles, ont compris tant d'âmes d'élite qui ont fui le monde et chéri sincèrement une vie pénitente et cachée : les Geneviève de Paris, les Solange de Bourges, les Procule de Gannat, et ce pauvre esclave, originaire de nos contrées, qui rendit la vue à son maître, et commanda le respect à un roi barbare, saint Pourçain, dont une de nos villes est fière de porter le nom. Heureux donc celui qui envisage à ce point de vue chrétien la condition humble dans laquelle la divine Providence l'a fait naître! Oh! qu'on le sache bien, tel qui se serait sauvé dans un rang modeste s'est perdu souvent dans une position supérieure et distinguée.

Avec bonheur et soumission, Thorette accepta ce genre de vie qui lui donnait quelque similitude avec la manière d'être es patriarches. Soigner son troupeau, le défendre contre l'agression des bêtes féroces, le conduire dans les meilleurs pâturages, telle était son occupation de chaque jour.

Elle était simple si l'on veut, mais la position d'un financier, perpétuellement enchaîné à son comptoir, les préoccupations d'un homme d'Etat, embarrassé dans le dédale de la politique, l'exigence et l'étiquette imposées aux grandes dames de nos salons, n'est-ce point quelque chose de plus fastidieux et de plus pénible encore ?

Dans ce beau vallon de Villefranche, sur les bords du limpide ruisseau qui le baigne, au milieu de ces champs et de ces prairies à la végétation luxuriante, parmi ces grands arbres qui se dressent majestueusement dans les airs, que de charmes et de poésie ! Avec le soleil levant, Thorette bénissait le Dieu qui peignait de ses mille couleurs la voûte du ciel. Elle chantait son nom avec le petit oiseau qui s'éveillait dans la feuillée. Ses agneaux lui disaient le prix de l'innocence, le loup qui s'élançait de la forêt pour les surprendre et les dévorer, lui faisait comprendre toute l'horreur et la malice du péché.

Quel bonheur elle éprouvait à la vue de cette vénérable église où, le dimanche, elle se réunissait à ses amies pour prier ! Son cœur tressaillait en contemplant la gracieuse chapelle de Montcenoux, où souvent elle allait chercher les conseils et les bénédictions des bons moines. En entendant sonner les offices ou les heures canoniales, unie spirituellement aux ministres du Seigneur, elle disait : *Que vos tabernacles sont beaux, ô Dieu des vertus ! — Hélas ! pourquoi mon exil se prolonge-t-il ici-bas ? — Venez, ô ma joie, mon ambition, ma vie, venez et ne tardez pas.*

Ainsi passaient les jours, ainsi coulaient les heures, et chaque soir c'était une gerbe de bonnes œuvres abondante et riche qu'elle déposait entre les mains du père de famille.

V.

Les moments d'un serviteur ne sont point à lui, mais appartiennent exclusivement au maître qui l'occupe. Jamais notre sainte ne perdit une seule minute. L'esprit intérieur, qui accompagnait tous ses actes, bien loin de la distraire, la soutenait, l'encourageait au milieu de ses fatigues.

Un jour cependant, la pieuse fille s'était oubliée, pour ainsi dire, dans un colloque avec l'objet de ses pures affections. Les heures qu'elle devait à son emploi s'étaient passées dans une sorte de ravissement, tant la prière a de charmes pour un cœur épris de son Dieu ! A son insu donc, le fuseau s'était échappé de ses doigts ; le soir arriva et sa tâche n'était point faite.

Le maître du ciel ne voulut pas que le maître de la terre fût privé du bénéfice qui lui appartenait ; il ne voulut point surtout que sa religieuse amante perdît la récompense que méritait son dévouement. Durant l'intempestive oraison, une main céleste avait filé la quenouille involontairement délaissée, en sorte que la besogne se trouva finie elle-même, juste au moment où s'achevait l'extatique prière. A cette vue, Thorette lève au ciel des yeux mouillés par la reconnaissance. Elle ne put exprimer autrement la joie intérieure qui la dominait.

Noble et généreuse fille, ah ! soyez imitée par toutes celles qui partagent votre condition. Que jamais, sous prétexte de dévotion, on ne les voie négliger leur travail ; Dieu ne le veut point, il le défend même.

Mais le Ciel ne s'en tint pas à ce fait merveilleux, raconté par tous ; la tradition affirme que, pour faciliter à notre sainte son amour de l'oraison, son bon ange, tandis qu'elle priait, travaillait à sa place, et ainsi l'ouvrage de Thorette ne resta jamais incomplet.

VI.

L'éloge de la bergère de Villefranche était dans toutes les bouches ; une sorte de vénération l'entourait de toutes parts, surtout dans la maison où cependant un degré si bas lui était réservé. La trop bonne opinion que l'on avait de sa personne l'affligeait sensiblement : « Hé ! qui suis-je ? ô mon Dieu, s'écriait-elle , néant et péché. A vous seul, être parfait, honneur et gloire ! à moi, pauvre créature, confusion et mépris. »

VII.

Elle redoublait ses prières, ses austérités, ses jeûnes.

VIII.

Celui qui anéantit les superbes et se plaît à exalter les humbles, lui accorda maintes fois des marques visibles de sa bienveillance. Un jour qu'elle était bien loin dans les champs, occupée à chercher à ses brebis les meilleures herbes, voici qu'un sombre et menaçant orage paraît à l'horizon. —Ne craignez point, vertueuse enfant, tandis qu'une pluie torrentielle bouleversera toute la contrée, une atmosphère calme vous enveloppera ; autour de vous et de vos chères brebis, il se fera comme un jour de beau soleil. Nouvelle toison de Gédéon vous serez seule respectée. Encore une fois, ne craignez point : quelle tempête saurait être fâcheuse pour vous qui vous fiez au Seigneur ?

IX.

Autrefois Dieu bénit la maison de Laban à cause de son serviteur Jacob. La sage Thorette portait bonheur au domaine qu'elle habitait. Les troupeaux confiés à sa garde prospérèrent toujours, dit la tradition, et beaucoup mieux que ceux des métairies environnantes.

On eût dit que ces stupides animaux avaient l'intelligence du mérite de leur maîtresse. Voulait-elle abandonner son âme à l'une de ces méditations qui la ravissaient aux sens, toutes ses brebis, groupées autour d'elle, broutaient tranquillement les herbes, sans songer à nuire aux héritages voisins. Au contraire, dans un excès de ferveur la jeune vierge désirait-elle aller remplir quelques-unes de ses dévotions à l'église, il suffisait qu'elle plantât sa houlette au milieu de la troupe bêlante, et ses dociles agneaux se gardaient d'eux-mêmes, et jamais pendant son absence, aucun de ces féroces animaux, si communs autrefois dans ces régions boisées, ne s'avisa d'attaquer ses fidèles brebis. Sa vertu était comme un charme auquel ne pouvaient échapper les natures même les plus ingrates et les plus rebelles.

X.

L'innocente et candide fille était on ne

peut plus chère à toutes les paroisses environnantes ; elle était agréable surtout aux divers membres de la famille avec laquelle elle demeurait. Ce n'était point une étrangère admise momentanément dans la maison, c'était une compagne, une fille, une sœur. Oh ! pourquoi les mœurs antiques ont-elles disparu d'au milieu de nous ? Qu'ils étaient beaux ces jours où les domestiques aimaient leurs maîtres comme des pères ; où les maîtres, à leur tour, regardaient leurs serviteurs comme de propres enfants ! c'était un échange mutuel de bons services et de bons procédés. Le travail, l'obéissance et la fidélité des uns étaient récompensés par la bienveillance, la tendresse et la générosité des autres.

Serviteurs, qui que vous soyez, revenez aux sentiments qui faisaient le charme de la société primitive, et vous retrouverez ce dévouement que vos supérieurs seront si heureux de vous rendre. Vous surtout qui, en plus grand nombre, habitez les campagnes, ah ! ne rêvez point le bonheur si dangereux des villes. Autour de vous, au milieu de vous, est cette félicité que vous chercheriez vainement ailleurs. Aimez ces champs que vous travaillez, ces vallons et ces collines où, chaque jour vous conduisez vos troupeaux. Aimez le toit modeste qui vous abrite, aimez surtout cette église où vous allez vous recueillir le dimanche :

là, priez, priez cordialement pour vos maîtres, et comprenez toute la valeur de ces maximes qui valent bien, ce me semble, les creuses théories du socialisme : *Mieux vaut obéir que commander, servir c'est régner*, mais servir sous l'œil de Dieu, mais obéir dans des vues surnaturelles, comme le faisait la vertueuse fille qui doit, en tous points, vous servir de modèle.

XI.

Ce qui distinguait notre chère sainte, c'était une religion facile et douce qui donnait à ses exemples et à ses paroles une puissance dont personne ne pouvait se défendre. Au milieu des gens simples avec lesquels elle a vécu, elle exerçait une sorte d'apostolat, sans affectation, sans bruit, avec cette candeur qui toujours captive et gagne des cœurs à Jésus-Christ. Son âme était incessamment ouverte à la bienveillance : non seulement elle rendait au prochain les mille petits services qui étaient en son pouvoir, mais jamais elle ne médisait de personne ; elle ne souffrait même pas que l'on parlât mal de qui que ce fût en sa présence. Bel exemple pour tant de chrétiens qui se font un jeu de déchirer leurs semblables ! Ils ignorent, ces malheureux, que ce genre de péché renferme une triple malice, blessant du même coup celui qui médit, celui de qui l'on médit, celui enfin devant lequel on médit. Oh! désormais, soyons plus scrupuleux sur un vice que l'on pourrait appeler anti-social, et pratiquons cette conduite généreuse qui était familière à sainte Thorette.

Un défaut assez commun parmi les habitants de la campagne, ce sont les emportements, les blasphèmes et les paroles grossières. Notre édifiante villageoise ne maltraitait point les animaux que son maître lui avait confiés, elle les regardait comme des créatures aimées de Dieu, comme d'utiles auxiliaires de l'homme. Jamais sa bouche ne s'ouvrit pour prononcer un de ces mots qui font rougir, un de ces termes qui ne sont de mise nulle part, pas plus dans les champs que sur les grand'routes ou dans les corps-de-garde.

Imitatrice d'un Dieu de paix et de bénignité, elle savait que la douceur est l'apanage de la femme chrétienne, que la colère et les emportements doivent lui être tout-à-fait étrangers. L'esprit de complaisance et de mansuétude, de miséricorde et de pardon était avant tout celui de notre placide bergère. Toutes ces vertus aimables qui faisaient le fond de son caractère, étaient chez elle soutenues par des exercices multipliés de mortification et de pénitence. Son jeûne était presque continuel, elle savait que l'esprit grandit et se développe à mesure que le corps s'affaiblit et que disparaît le Vieil Homme. C'est suffisamment indiquer avec quel soin elle évitait la vanité, les plaisirs mondains et toutes ces fêtes après lesquelles court une jeunesse licencieuse et folle. L'oraison était sa joie, la communion était sa vie. Une tendre dévotion l'animait envers la très pure Vierge. Avec quelle ferveur elle en récitait les prières et en prononçait le nom! Aussi toute sa vie a-t-elle gardé une chasteté dont rien n'a jamais pu ternir l'éclat. Chacun en secret admirait son angélique modestie. Oh! puissions-nous lui ressembler, disaient ses jeunes compagnes. Et son exemple était pour toutes un encouragement, une prédication vivante.

XII.

Les éléments étaient en quelque sorte soumis à une personne si détachée des sens. Qu'y a-t-il en cela qui doive nous surprendre? Les serviteurs de Dieu ne sont-ils point dès ici-bas en communication incessante avec le Souverain Maître? Placés tout près de son cœur, ils n'ont qu'à parler, et leur demande, toujours inspirée par une pensée surnaturelle, par la charité, par une filiale confiance, ne saurait être rejetée. Voilà ce qui nous explique ces miracles touchants et nombreux, accordés à des instruments souvent vils et misérables aux yeux du monde.

La pauvre fille de Villefranche en est un remarquable exemple : un jour, le ruisseau qui coule au bas de Nouzillers était gonflé outre mesure, et la bergère, placée sur la rive opposée, ne pouvait ramener ses moutons au bercail. Dans sa religion naïve, elle se rappelle que la foi a le privilége de transporter les montagnes, et que si nous avions de cette foi céleste gros seulement comme un grain de senevé, la nature obéirait à nos moindres volontés ; elle fait le signe de la croix sur le torrent débordé, en frappe les eaux avec sa houlette, et soudain une voie miraculeuse s'ouvre devant elle.

Une autre fois, c'étaient des étrangers, des ouvriers maçons se rendant du Bourbonnais dans la Marche, leur pays, qui se trouvaient arrêtés par la même difficulté. Dans leur impatience, ces hommes grossiers se laissaient aller au murmure, au blasphême. La jeune vierge les invite doucement à la résignation, les engage à faire la sainte volonté de Dieu, puis, dans la charité qui la presse, elle demande hardiment un miracle. Au tact de sa houlette, nouveau Jourdain, le ruisseau retourne en arrière et laisse passer à pieds secs ces hommes qui publient hautement les louanges et le pouvoir de la thaumaturge.

XIII.

Rentrée le soir au logis, plus modeste encore que d'habitude, on ne voulut plus lui permettre de remplir les ouvrages humiliants et pénibles dont cependant elle s'acquittait avec tant de bonheur. « — Non, ma fille, non, lui dit son vieux maître en refusant certains services qu'elle avait coutume de lui rendre ainsi qu'à sa famille, vous êtes une sainte ! Nous devons tous dorénavant vous mieux respecter. »

XIV.

Son humilité ne put tenir à cette épreuve. Elle quitte brusquement la chaumière où, par anticipation, une sorte de culte lui était rendu, et va dans la solitude cacher les grâces que Dieu lui accordait avec tant de générosité.

C'est dans ce *champ des Combes*, voisin du monastère inspirateur, qu'elle se retirera, elle aura soin de descendre bien bas dans la vallée. La cavité d'un chêne séculaire lui servira d'asile. Quelques herbes, quelques fruits sauvages pour apaiser sa faim, l'eau du torrent pour étancher sa soif, une prière ardente, interrompue par de courts instants donnés à la nature, telles seront désormais sa préoccupation, sa vie. Aussi, d'elle comme du divin précurseur, on pourra dire qu'elle ne mangeait ni ne buvait ; Dieu seul suffisait à ses besoins, *Deus meus et omnia* (1).

XV.

Déjà elle était mûre pour le ciel. Bien que les austérités eussent affaibli ses forces, elle n'en continuait pas moins ses pieux exercices de chaque jour. Comme le soldat qui tient à mourir les armes à la main, ce sera du milieu de cette campagne embaumée par ses vertus, et de l'intérieur de ce vieil arbre témoin de sa ferveur, que son âme ardente et pure s'envolera vers son Dieu. Elle a entendu la voix du Bien-Aimé qui lui disait : « *Viens du Liban, ma colombe, mon épouse, ma toute belle ; viens, tu seras couronnée.* » Elle n'a pu résister à une invitation si pressante, et ses liens se sont à l'instant brisés.

XVI.

En ce moment, ô prodige ! toutes les cloches des églises environnantes, à Murat, à Villefranche, à Montcenoux, s'ébranlent d'elles-mêmes pour annoncer qu'une créature privilégiée venait de quitter la terre.

Longtemps retentit l'airain, c'étaient des

(1) Maxime de saint François d'Assises.

vibrations inaccoutumées, quelque chose de triomphal qui émouvait au loin la contrée.

Tout le monde à l'instant comprit l'étendue du malheur qui venait de fondre sur le pays, mais en même temps, quelle puissante protectrice l'on avait au ciel. En un clin d'œil accourut un peuple immense ; tous s'étaient instinctivement rendus dans la solitude vénérée.

Au-dessus de l'arbre, tombeau de la Sainte, se dessinait une grande croix lumineuse, sorte de *labarum*, qui signalait au loin sa victoire.

Nous n'essaierons pas de peindre les sentiments que chacun fit éclater en présence de ces restes qu'avait animés le pur souffle de Dieu. Personne ne craignit plus de témoigner cette vénération qui était répudiée si énergiquement naguère.

Au milieu des cantiques et des chants d'allégresse, on porte en triomphe ce précieux trésor au lieu tout naturellement désigné pour sa sépulture. C'est dans la basilique des bons moines, où elle avait si souvent prié, tout près du maître-autel, où elle avait si fréquemment reçu son Dieu , que ce glorieux corps fut déposé.

Dès ce jour, les hommages des peuples lui furent spontanément décernés, et, suivant l'usage de ces temps, l'autorité locale diocésaine en régla, en consacra la manifestation. Chaque année, au 1er mai, avait lieu la commémoration publique ; un pèlerinage, tout de foi et de piété, attirait à Villefranche et dans l'enceinte de Montcenoux, un concours extraordinaire de personnes de tous les rangs et de toutes les conditions.

Montmarault et Saint-Priest, Chavenon et Murat, Chappes, Cosne, Doyet, Montvicq, etc., envoyaient de pieuses députations à ce tombeau renommé. Que de grâces furent accordées ! Que de bienfaits advinrent à toutes ces âmes fervemment dévouées au culte de sainte Thorette !

Tant de splendeurs se maintinrent jusqu'en 1698 (1), époque environ où fut supprimée la collégiale de Saint-Ursin , établie depuis des siècles sur ce coteau du Bourbonnais. Par ordre du cardinal de Gesvres, 106e archevêque de Bourges, les reliques de sainte Thorette furent portées de l'église de Moncenoux dans celle de Villefranche.

Depuis cette translation, sauf quelques jours d'une interruption néfaste, ces ossements précieux sont toujours restés là exposés à la vénération des fidèles.

Cité jadis privilégiée par des princes, ta gloire humaine a pu s'éclipser, mais la nouvelle couronne qu'une humble paysanne

____

(1) Dictionnaire hagiographique, art. sainte Thorette.

a placée sur ton front sera impérissable et ne fera que te donner chaque jour un nouveau lustre.

XVII.

Et maintenant, dirai-je au critique le plus exigeant, voici un être dont chacun me rappelle les faits et me précise les vertus. Voici un corps placé dans un lieu vénérable et recevant le plus solennel hommage. Voici des traditions qui se perdent dans la nuit des temps, mais tout aussi pures et vivaces que si elles dataient d'hier. « Qu'importe, au fond, répondrai-je avec un esprit judicieux (1), qui a ravivé une dévotion pleine d'analogie avec celle que nous décrivons, qu'importe l'incertitude de ces détails de naissance et de famille, quand notre piété pour cette auguste patronne a entre les mains tant d'autres titres qui établissent sa sainteté véritable, et légitiment les honneurs qui, de temps immémorial, lui ont toujours été rendus ?

» N'est-ce pas en effet, de la part de l'Eglise, une reconnaissance de sainteté que de permettre l'exposition des reliques d'un serviteur de Dieu et que d'en encourager ainsi le culte parmi les fidèles ? »

(1) *Petit livre de sainte Procule*, par notre digne et excellent ami, M. l'abbé Cornil, curé de Gannat.

Telle a été la pensée du vénérable évêque qui a présidé à l'organisation de notre diocèse.

Par ses ordres fut entreprise une minutieuse information sur l'authenticité des reliques et sur la légitimation du culte de sainte Thorette.

On reconnut que, lors de la révolution de 93, ce corps avait été profané et jeté sur les dalles du temple. Recueillis et conservés par des mains pieuses, tous les débris en avaient été successivement rendus à l'église où était auparavant le dépôt général.

Après une solennelle enquête, on rédigea le procès-verbal que nous aimons à reproduire intégralement :

« Aujourd'hui, dimanche 18 juillet 1841, Nous, Gilbert Henri, vicaire-général du diocèse de Moulins, délégué spécialement à cet effet par Mgr de Pons, évêque de Moulins, avons inauguré solennellement les reliques de sainte Thorette, enveloppées d'un double sac de peau et de soie, scellés l'un et l'autre du sceau de l'évêché, en les déposant dans une châsse en carton-pierre doré, ayant de longueur 65 centimètres, de hauteur 57, d'épaisseur 22, représentant un portique ouvert par huit arcades ogivales, surmontées chacune d'un fronton triangulaire, ornées de huit statuettes et de différentes roses et moulures dans le goût du Moyen Age ; laquelle châsse nous avons scellée en présence de MM. Lefort, curé de Montmarault ; Blateyron, de Saint-Priest ; Laroche, de Chappes ; Peigue, de Beaune ; Sivet, de Murat ; Depresles, vicaire de Chavenon ; Lampre, de Saint-Bonnet-de-Four ; Vexenat, de Doyet ; Offroy, de Bizeneuille ; Limpot , de Cosne ; Chambon, de Souvigny ; Vidal, de Villefranche ; comte d'Agoult, Bonnichon, Romieux, Serre, Chobijon, Nivelon membres de la fabrique ; Malley, Vincent ; Louis, Deschez notaire ; Camus, de Tronjet ; Moreau.

» Fait à Villefranche les jour, mois et an que dessus.

Suivent les signatures. »

En 1855, lors de sa tournée de confirmation dans cette partie de son diocèse, Mgr de Dreux Brézé, deuxième évêque de Moulins, fit rompre les sceaux et visita le contenu de cette châsse. Le tout fut ensuite à nouveau scellé des armes de sa Grandeur. C'est dans cet état qu'existent actuellement, dans l'église de Villefranche, les reliques de sainte Thorette, et qu'elles sont proposées à la vénération des fidèles.

Tous les ans, la solennité extérieure s'observe le premier dimanche de mai. Le pélerinage en est moins fréquenté qu'autrefois, il est vrai ; néanmoins, c'est toujours avec confiance que l'on vient invoquer la douce et pieuse bergère qui s'est autrefois sanctifiée sur ces bords.

Pour nous aussi, ça été un devoir d'apporter à ses pieds notre tribut d'hommages. Nous avons avec scrupule, visité la scène modeste où cette âme d'élite a trouvé le secret de se tresser une riche couronne. La pauvre case où elle a résidé, nous a paru mille fois plus belle que tous nos palais des rois. Notre genou a fléchi, notre bouche a prié dans les divers oratoires et sous le même horizon où elle a constamment glorifié le *Dieu de son cœur et sa part éternelle*. Partout, nous avons ressenti sa présence et retrouvé en quelque sorte les traces de sa vie terrestre. Dans cette excursion pieuse, une chose nous a manqué ; nous aurions voulu voir une simple croix de bois marquer le petit coin de champ d'où la sainte est partie pour les Cieux. Ce point, à coup sûr, ne serait pas le moins intéressant du pélerinage. Du reste, c'est avec édification, nous devons le dire, que nous avons, à chaque pas, remarqué combien Thorette était chère au peuple. Sortie de ses rangs, elle en est l'orgueil et l'espérance. Habitants de Villefranche, ouvriers, cultivateurs, pieuses femmes des villages surtout, conservez précieusement, ah ! conservez toujours votre respectable et filiale tradition ; c'est vous-mêmes que vous glorifierez, en glorifiant celle que vous avez le droit de regarder comme *la chair de votre chair et l'os de vos os*.

XVIII.

La dévotion à cette autre Geneviève ne se limite pas à notre Bourbonnais ; il existe dans le Berri une localité à la fois commune et paroisse, qui est désignée sous le nom de *Sainte-Thorette*.

La fondation du village remonte à une époque reculée, l'église est du XIIe siècle. Notre sainte étant titulaire du monument et patronne du lieu, cette double circonstance nous permet d'assigner une sorte de date au temps où elle a vécu. Sa fête, là, se célèbre le dernier dimanche d'avril.

Ce sont, à n'en pas douter, les religieux de Montcenoux en relations quotidiennes avec la métropole, qui ont fait connaître à Bourges l'humble fille renommée dans la région qu'ils habitaient. Peut-être, la bergère, décédée à Villefranche, était-elle originaire de la paroisse lointaine qui porte son nom ; mais sur cette question comme sur bien d'autres, ni au village de *Sainte-Thorette*, ni aux archives du Cher, rien de précis n'a pu nous être indiqué. Un établissement religieux et civil, un nom prononcé avec respect, voilà ce qui dans la province du Berri rappelle une créature parfaite entre toutes.

Dans la paroisse du Bourbonnais où se maintient avec tant d'énergie le culte de la même sainte, outre la châsse qui renferme ses restes, une statue, une bannière, un riche vitrail, reproduisent ses traits et rappellent aux yeux de tous une aussi douce et une aussi intéressante protectrice.

M. l'abbé Brazey, curé actuel de Villefranche, ne néglige rien pour accroître la dévotion à sainte Thorette. C'est sous son inspiration que nous avons écrit ces lignes. Puisse cette glorieuse patronne bénir un pasteur qui nous est cher, et lui valoir, ainsi qu'à nous-même, une part de sa joie et de sa couronne !

NEUVAINE

SUR LES VERTUS DES JEUNES PERSONNES.

—

PREMIÈRE MÉDITATION.

SAINTE FAMILIARITÉ AVEC DIEU.

1º Plus Dieu est connu, plus il est aimé. Dans l'ancienne loi, c'était la crainte principalement qui amenait les peuples aux pieds des autels. *Tremblez à l'entrée de mon sanctuaire*, était-il écrit au front du temple où habitait la Majesté souveraine.

Aujourd'hui, telle n'est point la loi qui nous régit ; la confiance, l'amour, une familiarité sainte, voilà le mobile employé par le Sauveur de nos âmes : *Mes délices sont d'habiter avec les enfants des hommes ; — Mon fils, donne-moi ton cœur ; — J'ai désiré d'un désir extrême de manger cette pâque avec vous.*

2º Tous les siècles nous montrent des âmes privilégiées, ouvertes à ce sentiment, de nos jours malheureusement trop négligé. Quels ne furent pas les suaves entretiens de Marthe et de Marie avec l'hôte divin qui descendit chez elles ! Et la pécheresse n'en arrose-t-elle pas généreusement les pieds avec ses parfums et ses pleurs ? Pourrions-nous exprimer les tendres aspirations d'une sainte Thècle, amenée à la foi par saint Paul, et celles non moins vives des Lucie et des Agnès?

Sainte Gertrude et sainte Thérèse ont écrit des pages admirablement brûlantes sur l'amour divin. Et toutes ces âmes héroïquement ferventes, les Catherine de Sienne et de Gênes, les Angèle de Mérici, les Rose de Lima, les Madelaine de Pazzi, sainte Claire, sainte Chantal, oh! de quelles faveurs divines ne furent-elles pas récompensées à cause de leurs colloques intimes avec l'objet de leurs incessantes affections!

Et maintenant, contemplons le disciple bien-aimé, reposant sur la poitrine du Sauveur, entendons saint Augustin qui se plaint de *l'avoir trop tard connu, trop tard aimé*. Admirons, dans leur familiarité avec l'Etre souverainement grand et bon, saint François d'Assises, saint Thomas d'Aquin, saint Bernard, le plus affectueux des pères. Et dans des temps plus rapprochés de nous, c'est un Ignace de Loyola, un François-de-Salles, un Alphonse de Liguori qui nous la montrent, qui vous la prêchent, cette admirable fusion d'un cœur avec Dieu.

Au milieu de toutes ces graves et ravissantes figures, nous ne pouvons vous méconnaître, candide enfant que l'on vénère en ces jours. A travers les embarras d'une condition pénible, vous ne perdiez jamais de vue le bon Maître ; vous l'aimiez, vous le lui disiez, et votre cœur naïf ne se lassait point de le lui dire encore.

Loin donc de nous, ce genre de dévotion qui, sous prétexte de respect pour la Majesté suprême, dessèche la piété, abrégeant, interdisant même la trop fréquente communication des âmes avec Dieu. Celui qui nous a créés désire les caresses de ses enfants, veut leurs entretiens. Il leur rend, avec usure, tendresse et bienfaits, faveurs et bénédictions.

3° Cette familiarité respectueuse et sainte, je la pratiquerai par une présence continuelle avec Dieu. Je serai sans cesse sous l'œil de cet ami, de ce père ; je le craindrai sans doute, mais je l'aimerai davantage encore.

Par l'oraison : Oh ! qu'il est doux de s'abîmer, de se perdre dans le sein de cette bonté sans limites et sans fonds ! La prière, les aspirations de l'âme, quelle chaîne mystérieuse de parfums et de fleurs ! Quel merveilleux fil électrique qui nous met en communication instantanée avec le ciel !

Enfin, la communion réelle ou spirituelle me tiendra incessamment uni à vous, ô bien suprême, ô beauté immortelle, à vous qui serez un jour ma couronne et ma fin !...

Prière à sainte Thorette.

Allumez, entretenez dans mon cœur, ô Vierge sainte, cette flamme qui vous a consumée sur la terre. Que je marche sans cesse en la présence de Dieu, et j'atteindrai cette perfection qui vous a élevée si haut dans les cieux.

DEUXIÈME MÉDITATION.

DOUCEUR.

1° La douceur nous rend agréables à Dieu. Le moyen le plus efficace assurément de plaire à Dieu, c'est de se rendre semblable à Jésus-Christ. Nous ne pouvons, il est vrai, imiter le Sauveur dans certaines actions de sa vie, nous ne pouvons ressusciter les morts, faire marcher les paralytiques, faire entendre les sourds et parler les muets ; produire enfin des miracles à notre gré ; mais ce que tout le monde peut imiter, c'est la douceur du divin Maître. Cette vertu, il s'est appliqué à la mettre tout-à-fait à notre portée, tant il désire nous la voir exercer parmi nos frères : *Apprenez de moi, dit-il, que je suis doux et humble de cœur. — Discite a me quia mitis sum et humilis corde.*

La douceur était le fond de son caractère, la marque essentielle, distinctive de sa divine mission sur la terre : « Voilà, s'écrie le prophète, quel sera le signe auquel vous reconnaîtrez le Messie promis aux hommes ; ce sera un roi plein de mansuétude, *Rex mansuetus.* Il ne disputera point, il ne criera point, il n'élèvera point la voix sur les places publiques, il n'achevera pas de rompre le roseau à demi-brisé, ni d'éteindre la mêche qui fume encore. »

Entendez l'illustre précurseur sur les bords du Jourdain, à qui le compare-t-il? à un conquérant superbe, à un dominateur puissant? Non, à un agneau, l'agneau emblême de la candeur et de la timidité : *ecce Agnus Dei.*

O bon Sauveur, gravez ce trait admirable dans mon âme, et je serai agréable à Celui qui vous a envoyé sur la terre, non pour dominer par la crainte, mais pour nous attirer par la grâce, la patience et la miséricorde.

2° La douceur nous rend agréables aux hommes. L'homme fort et puissant peut, à son gré, asservir les peuples, conquérir des nations, étendre au loin son empire. Il régnera, si l'on veut, sur des cadavres, il aura pour lui la matière ; mais les cœurs, il ne les possédera jamais ; à l'homme doux seulement de se les assujettir. *Beati mites, quoniam ipsi possidebunt terram.* —*Bienheureux ceux qui sont doux, parce qu'ils posséderont la terre*, c'est-à-dire, le dévouement, les affections, les sentiments tendres et empressés.

Oh ! quelle est mystérieuse, incompréhensible, la puissance de la douceur ! Voyez ce caractère qui se raidit contre la rigueur, que n'ont pu ébranler les menaces, les mauvais traitements, la terreur des armes. O prodige ! une simple prévenance, une parole douce et polie l'ont vaincu, désarmé ; et cet ennemi implacable, et ce rival obstiné est devenu tout à-coup votre ami le plus franc et le plus dévoué.

La douceur agit sur les êtres dépourvus de raison. Flattez un animal et il viendra baiser vos mains, s'humilier à vos pieds, il s'attachera à vous, sera votre soutien et votre défenseur.

Elle a même action sur les objets inanimés, sur les plus durs métaux ; une simple goutte d'huile répandue sur le fer ou l'acier que l'on travaille, avance mieux l'ouvrage que les limes les plus mordantes et les plus acérées, mieux aussi que les robustes cylindres et les plus lourds marteaux. Image de la douceur, cette huile miraculeuse qui adoucit toutes les plaies, calme toutes les amertumes, et fait pénétrer partout la persuasion, le bonheur et la joie.

3° A l'exemple du sublime et doux Crucifié, à l'exemple de la Vierge, bénigne entre toutes, à l'exemple de saint François-de-Salles, qui avait fait pendant plus de vingt ans l'apprentissage de cette vertu des forts, à l'exemple de cette pauvre bergère, la joie et l'orgueil de nos contrées, plus simple et plus candide que les agneaux placés sous sa houlette, je pratiquerai cette vertu qui sied si admirablement au chrétien, qui convient à tout le monde, au maître qui commande aussi bien qu'à l'inférieur qui obéit. Elle a tant de prestige, qu'elle sait allier la grâce avec la sévérité, la condescendance avec la fermeté elle-même.

Jeunes personnes, cultivez-la, cette vertu qui vous est si naturelle et ne pourra que s'accroître à l'ombre de votre piété. Elle enchaîne par des liens de roses, comme l'a dit un ancien, et vous vaudra, avant tout, le cœur de Dieu.

Prière à sainte Thorette.

O sainte douceur, fleur de la charité, épanouissez-vous dans nos âmes et le lait et le miel couleront à l'envi de nos lèvres. Comme sainte Thorette, agréables à nos frères, nous le serons avant tout à Dieu ; et de ses mains, un jour, nous recevrons la récompense promise à ceux qui sont doux. Ainsi soit-il.

TROISIÈME MÉDITATION.

MODESTIE.

La modestie, cette vertu pratique qui règle toutes nos démarches, est indispensable au chrétien. Trois motifs nous l'imposent : le respect pour la présence de Dieu, l'édification du prochain, notre sûreté personnelle.

1º Dieu est partout ; sa gloire et sa majesté emplissent la terre et les cieux. Nous ne pouvons faire un seul pas sans voir et sentir sa présence. Imbu de cette idée, l'apôtre saint Paul recommandait à ses néophytes la plus rigoureuse circonspection : *Modestia vestra nota sit omnibus hominibus.* — *Que votre modestie éclate au grand jour,* s'écriait-il. Et pourquoi, notre apôtre ? *Parce que le Seigneur est tout près de vous.* — *Dominus propè est.*

Ah ! si devant les grands de la terre l'on se compose avec tant d'art et de méthode, quelle réserve n'aurons-nous point en présence de cette haute majesté en face de laquelle les anges se couvrent de leurs aîles, pénétrés à la fois de crainte et de respect ?

2º Les hommes ne jugent de l'intérieur que par les actes qui se traduisent au-dehors. Ils seront édifiés ou scandalisés, ils auront de nous bonne ou mauvaise opinion, selon que notre extérieur sera plus ou moins digne. De là, quelle nécessité de marquer toutes nos actions au coin de la modestie !

Jeunes personnes, *je vous en adjure,* au nom de Celui *dont le regard modeste attirait et charmait les peuples.* — *Adjuro vos per modestiam Christi ;* au nom de la Vierge, qui est comparée à *un jardin fermé d'où s'exhalaient les parfums les plus exquis,* oh ! partout et toujours, soyez simples et modestes ; que l'affectation, le faste, le luxe et la mollesse fuient loin de vos personnes. Que la beauté de votre âme se réflète sur votre visage ; qu'on en découvre la candeur dans vos vêtements , dans votre maintien , dans vos regards , dans vos paroles. Et chacun, en vous voyant, dira : « Puissions-« nous ressembler à un aussi digne mo-« dèle ! »

3° Si la modestie est la plus belle parure d'une jeune personne, sa meilleure sauvegarde sera la pudeur, qu'un philosophe ancien appelait la citadelle de la beauté. De même que dans une ville de guerre il y a des remparts, et qu'aux plus fortes tours sont placées de très petites ouvertures d'où la sentinelle veille à la sûreté de la place, de même la jeune vierge aura soin de s'environner de la modestie comme d'une ceinture infranchissable ; son œil, ensuite, avec précaution, considérera d'où lui peut venir le danger. Une pureté inviolable du cœur, un recueillement parfait de l'âme, seront les fruits de cette vigilance assidue , de cette constante garde.

Prière à sainte Thorette.

O vous qui en toutes circonstances, au milieu du

monde, dans les champs, au temple sacré, avez été un modèle accompli de timidité et de noble réserve, qu'à votre exemple, je tienne constamment baissés ces voiles que la nature a placés sur ma vue beaucoup moins pour la garantir contre les objets extérieurs que pour défendre l'accès de mon âme. Rien désormais que ce qui est saint et louable n'aura de l'attrait pour mon œil et pour mon cœur.

QUATRIÈME MÉDITATION.

OBÉISSANCE.

1º La plaie de notre siècle est celle-ci : tout le monde veut commander et personne ne veut obéir. Et cependant, sans l'esprit de subordination, quelle société pourrait être possible ? Voyez les astres, chacun accomplit son évolution aux périodes qui leur ont été assignées, et tous paraissent invariablement devant le Créateur, en disant : *Nous voilà. — Adsumus.* L'abeille dans sa ruche, le castor au milieu des forêts du Nouveau-Monde, la fourmi dans l'humble réduit où elle met en réserve ses laborieuses provisions de l'année, chacun de ces petits animaux observe les lois qui leur ont été assignées, avec une ponctualité que nos plus grands naturalistes ne peuvent s'empêcher d'admirer.

N'y aurait-il donc que l'homme, cet être fait pour vivre en société, qui refuserait de se soumettre à l'ordre indispensable à sa conservation, à sa fin ?

2° Quand les hommes, mûs par cet esprit d'orgueil qui a précipité les Anges du Ciel et chassé nos premiers parents d'un jardin de délices, voulurent élever un édifice destiné à les soustraire à la future colère de Dieu, la confusion se mit à l'instant au milieu d'eux ; et ce ne fut plus, dès lors, qu'anarchie et chaos, ce que l'on appelle maintenant *la Tour de Babel*. Ainsi en advient-il chaque jour à ceux qui refusent d'obéir. Un malaise inexprimable, des tiraillements sans nombre, des révolutions à ébranler le sol jusque dans ses fondements, voilà le résultat matériel de cet esprit de révolte, sans parler des châtiments que Dieu réserve aux cœurs rebelles, à ceux qui froissent et méconnaissent l'ordre que sa Providence a si sagement établi.

3° Thorette était, par vertu, soumise à ses maîtres, elle en exécutait les ordres dans les plus minces détails. A son exemple, j'obéirai d'abord à Dieu, d'où vient tout pouvoir, à mes supérieurs religieux et civils qui sont les représentants de son autorité ; j'obéirai à un père, à une mère, ces êtres pour moi toujours si bons, si dévoués. Et ceux qui dirigent mon éducation, quel droit n'ont-ils pas également à mes prévenances et à mon respect !

De l'obéissance bien comprise et sagement pratiquée, quelle harmonie, quelle félicité et pour les familles et pour les cités, et pour la patrie tout entière ! Le Ciel seul pourra un jour récompenser une aussi merveilleuse union, en la résumant dans les liens d'un éternel amour.

Prière à sainte Thorette.

Avec quel abandon vous avez pratiqué cette maxime, chère au christianisme : *Mieux vaut obéir que commander !* Soumettre mon jugement à celui de mes supérieurs, suivre en tous points leurs inspirations et leurs lumières, telle sera la règle de ma vie, comme elle l'a été de la vôtre, modèle accompli de l'obéissance et de la fidélité à Dieu.

CINQUIÈME MÉDITATION.

PATIENCE CHRÉTIENNE.

1º Notre vie est mêlée de bien des peines, notre âme et notre corps en sont comme le siége et le rendez-vous obligé. Maux physiques, maux spirituels, voilà, enfants des hommes, votre apanage à tous. Quel remède opposer à tant d'épreuves? Sera-ce cette résignation stoïque qui prétendait rendre insensible à ce qui est réellement tourment et peine? Non ; mais cette vertu du ciel qui donne de la force et même de la joie à celui qui souffre courageusement, parce qu'un œil bienveillant voit ses tribulations, parce qu'une main généreuse saura le dédommager un jour.

2° Les gens du monde au milieu de leurs déceptions déblatèrent et maudissent ; telle n'a point été la conduite des saints. Ils comprenaient que le mal est la punition du péché et ils s'humiliaient devant le maître qui les frappait ; et de même que le malade prend le remède amer qu'on lui présente, ainsi acceptaient-ils avec soumission les choses pénibles, destinées à leur sanctification et à leur amendement spirituel.

3° Fut-il jamais personne plus résignée que sainte Thorette? Née pauvre, soumise à une condition des plus humbles, constamment exposée à toute l'intempérie des saisons, jamais on ne l'entendit se plaindre, ni murmurer.

Nous qui sommes si portés à nous révolter et contre le ciel et contre ceux qui nous outragent, oh! demandons à notre chère sainte un peu de cette énergie chrétienne qui la rendait un objet d'édification pour tous. Oui désormais, au milieu de nos ennuis et de nos adversités, jamais d'emportement, jamais de blasphèmes ; mais comme Job, écrions-nous : « *O père, que votre volonté s'accomplisse, et non la mienne!* Et vous, modèle des éprouvés, venez à mon aide, soutenez cette croix que vous m'imposez, et que je serais si heureux d'associer à la vôtre. »

Prière à sainte Thorette.

O vous, qui avez été si calme au milieu des souf-
frances qui sont venues assaillir votre frêle existence,
si paisible au sein de toutes les contradictions qui
ont entouré votre âme, obtenez-moi une faible part
de cette patience héroïque qui m'élévera au-dessus
des tourments passagers de la vie et me vaudra la
couronne destinée à ceux qui auront noblement
soutenu leurs épreuves.

* * *

SIXIÈME MÉDITATION.

FUITE DES OCCASIONS.

1° La vertu la plus robuste a besoin de
précautions, celui qui se croit le plus affermi,
est souvent le plus près de sa chute. La
fuite des occasions, voilà l'unique remède
au danger. *Veillez*, a dit le sage, *veillez et
priez, et vous ne succomberez jamais à la
tentation.*

2° Si la maison de votre voisin est en
proie à un violent incendie, vous vous hâtez
de soustraire à la flamme tout ce qui pourrait communiquer l'embrâsement à votre
demeure. Mais vos efforts deviennent im-
puissants, vous emportez bien vîte vos
objets les plus précieux ; mais l'incendie
vous gagne, vous sauvez votre vie, et vous
vous estimez très-heureux.

Le feu des mauvaises passions, *des*

piéges de mort vous environnent de toutes parts, fuyez, mon frère, fuyez, ma sœur, ce n'est que par la fuite que vous remporterez la victoire. Un soldat doit attaquer son ennemi en face et ne reculer jamais : quand il s'agit de péché, au rebours de ce qui se passe sur les champs de bataille, on triomphe en fuyant.

3° *Celui qui aime le danger*, a dit l'Esprit-Saint, *périra dans le danger*. Jeunes personnes, entendez votre modèle qui vous crie : Évitez avec soin les conversations légères, les modes dangereuses et ces réunions où toutes les séductions se donnent rendez-vous pour perdre les âmes. L'innocence doit toujours trembler et craindre. Est-ce que voulant échapper à la morsure du serpent, on se tient dans les marais infects ? Oh ! redoutez avant tout ces lectures romanesques où le venin se cache au milieu des fleurs. Combien d'âmes ont été empoisonnées, combien de cœurs flétris par ces compositions où le faux le dispute au pervers. Oui, les romans, oui, ces frivoles écrits que tous les jours nous colportent les feuilles publiques, voilà l'écueil de la vertu, le fléau le plus à craindre pour la jeunesse.

Prière à sainte Thorette.

Inspirez-nous, ô mon Dieu, l'active circonspection qui préserva Thorette au milieu des dangers. Nos ennemis seront, comme les siens, réduits à l'impuissance, et nous arriverons à la patrie sublime que lui ont méritée sa vigilance et son courage de tous les instants.

SEPTIÈME MÉDITATION.

AMOUR DU TRAVAIL.

1° Au milieu de la splendeur des cieux, au sein de toute la félicité qui l'inonde, le maître souverain ne reste point inactif. Après avoir créé les mondes, il les conserve ; chaque jour est en quelque sorte pour lui une création nouvelle.

Dans l'humble retraite de Nazareth, l'Enfant-Dieu, de ses débiles mains, aidait à gagner le pain de la famille. Les païens, dans leur sot orgueil, l'appelaient *ouvrier, fils de l'ouvrière ; — faber, filius questuariæ.* Quel éloge du travail, comme il a été annobli, sanctifié par tout ce qu'il y a de plus grand et de plus vénérable sur la terre et dans les cieux !

2° *L'oisiveté*, on l'a dit depuis longtemps, *est la mère de tous les vices.* De même qu'un champ non cultivé ne produit que des ronces et des épines, de même que le fer, toujours immobile, est bientôt dévoré par la rouille, que l'eau stagnante exhale au loin l'infection et la mort, ainsi l'âme, abandonnée à la paresse, deviendra le siége de toutes les mauvaises passions ; bientôt avilie, dégradée, elle perdra son éclat, sa vigueur première ; le corps lui-même en recevra les plus déplorables atteintes, et leur ruine à tous les deux sera complète.

Du courage donc, de l'activité, de l'énergie, une ample moisson de bienfaits temporels et spirituels sera la récompense bénie de vos soins et de vos efforts.

3° Le travail est la condition de l'homme déchu ; *il est fait pour travailler, comme l'oiseau pour voler* ; c'est pour tous une nécessité à la fois religieuse et sociale.

Loin donc d'imiter ces êtres nonchalants et rebelles, qui ne subissent leur tâche qu'avec amertume et dédain, je l'accepterai avec une sainte résignation, avec une patience héroïque, et chaque goutte de sueur, recueillie par l'ange témoin de mon sacrifice, deviendra la perle la plus précieuse de ma couronne.

Prière à sainte Thorette.

Vierge vigilante et sage, dont aucun des instants n'a été perdu, qu'à votre exemple, je commence toutes mes actions par la prière, que je les poursuive dans le même esprit, que l'hymne de la reconnaissance en soit la consécration et la fin, et qu'un jour le père de famille m'accorde le salaire promis à l'ouvrier qui aura fait un noble emploi de son temps. Ainsi soit-il.

HUITIÈME MÉDITATION.

RESPECT DU DIMANCHE.

1º Parmi les jours nombreux que Dieu abandonne à ses créatures, il en est un qu'il s'est exclusivement réservé : il est pour cela nommé le *jour du Seigneur*, — *dies Domini*.

Durant ces instants solennels, riches et pauvres, enfants et vieillards, maîtres et domestiques, ouvriers, cultivateurs, gens de professions libérales, tous sont appelés à venir fléchir le genou devant Celui qui les comble de bienfaits, sous l'œil du prêtre, son sacrificateur et son représentant sur la terre. Malheur donc au peuple qui néglige ce devoir sacré. Oh ! qu'on le sache bien, l'inobservance de cette loi matérialise les sociétés, pervertit leur sens moral, ouvre la porte à toutes-les révolutions, et, après avoir fait ici-bas des philosophes et des mécréants, prépare à ces générations dégradées un avenir plus déplorable encore.

2º Le repos du dimanche est utile au corps.

Tout a une période de repos dans la nature. La terre, après avoir donné à ses habitants les richesses diverses enfermées dans son sein, s'arrête tout-à-coup épuisée. Puis, après quelques mois d'une inaction

nécessaire, se réveille tout-à-coup plus fé-
conde et plus belle.

Un arc toujours tendu finirait par se bri-
ser, il faut que le chasseur lui donne de
temps en temps un peu de relâche et lui
rende ainsi son élasticité première. Plus
que tous les êtres, l'homme, ce roi de la
nature, a besoin de reposer ses forces pour
continuer la tâche que le Maître lui a con-
fiée. Chrétiens, mes amis, mes frères, goû-
tons ce repos que nous a préparé, imposé
même notre créateur, notre législateur,
notre maître, le plus généreux des pères.

3º Le repos du dimanche est utile à
l'âme.

Que serait l'homme sans la pratique de
ces heures bénies ? Une brute, moins que
cela, une machine industrielle.

La brute obéit à l'aiguillon qui l'active,
sa raison ne peut s'élever au-dessus de
l'herbe qu'elle broute. La machine em-
ployée dans nos usines, qui tourne, s'agite,
fonctionne dans tous les sens, ne comprend
rien, ne sent rien, ne se rend compte de
rien.

O toi, chef d'œuvre de la création, noble intelligence émanée du ciel, ah ! dans
quel abîme ne descendrais-tu point, si tu
négligeais ce jour d'universelle civilisation,
de sanctification suprême, où les vraies et
saintes affections se cimentent et se renou-

vellent et avec Dieu et avec les membres de la grande famille chrétienne !

Désormais, quand la cloche sainte appellera les fidèles à l'église, je quitterai tout pour obéir à sa voix. Et là, dans ce vieux temple où j'ai puisé la foi, je goûterai à longs traits toutes les bénédictions qui y sont enfermées et qui, de là, rejailliront jusqu'aux sources éternelles.

Prière à sainte Thorette.

Avec vous, ô pieuse fille, j'aimerai, je sanctifierai le jour qui vous a communiqué tant de grâces. En face de votre image bénie, j'apprendrai à servir Dieu, et un jour nous le vénérerons ensemble dans l'assemblée des élus. Ainsi soit-il.

NEUVIÈME MÉDITATION.

COMMUNION FRÉQUENTE.

1° Un tendre et généreux personnage était un jour à table avec ses amis ; sur le point de les quitter, il inventa un moyen pour leur témoigner son amour, même audelà du tombeau. Sera-ce en leur léguant de l'or, de l'argent, des domaines ? Mille fois plus ingénieux est l'amour d'un Sauveur, homme et Dieu tout à la fois. Il leur donne... quoi ? son corps miraculeux, son sang divin, prélude et gage des trésors immortels ! *Accipite et manducate.*

2° Notre corps a besoin d'aliments pour raviver sa vigueur, pour en entretenir la santé. Qu'il reste trop longtemps privé de nourriture, ses forces ne tarderont pas à disparaître, et il mourra d'épuisement et de langueur.

Chrétien, l'Eucharistie, c'est la vie de ton âme, c'est la manne salutaire qui doit te soutenir au milieu du désert que tu as à traverser. Prends souvent ce viatique béni, et comme le prophète, tu arriveras à la montagne, terme heureux de ton pèlerinage.

Tous les jours, les premiers fidèles persévéraient dans la fraction du pain. L'Eglise, interprète des volontés du Maître, désire que chaque chrétien s'en nourrisse, à l'immolation du sacrifice quotidien. Pourquoi donc hésiter ? Tu es, n'est-ce pas, trop imparfait ; mais la perfection absolue n'est point nécessaire pour la réception fréquente de l'Eucharistie : l'horreur du péché mortel, l'éloignement des fautes vénielles, le désir de s'unir à Dieu, voilà les dispositions exigées par les maîtres , même les plus sévères, de la vie spirituelle.

« Ames timorées, vous répondrai-je avec le Sauveur, ne vous couvrez point tellement les yeux du voile de votre indignité, qu'il ne vous soit plus possible de voir la tendresse de mon cœur paternel (1) »

3° Que de vertus découlent de la participation habituelle à nos saints mystères ! C'est la Foi d'abord, la Foi qui inspire toutes les vertus ; c'est la Charité, qui nous fait aimer Dieu par-dessus tout et nos frères aussi vivement que nous-mêmes ; c'est l'Espérance enfin, à l'aide de laquelle cette terre ingrate devient un paradis anticipé.

O visiteur généreux, quel bonheur et quelle gloire de vous donner souvent l'hospitalité ! — Ah ! je vous entends, semblable à la colombe qui, désirant entrer dans une tour fermée, gémit, voltige, frappe doucement avec son bec, je vous entends dire à l'âme indifférente : « *Aperi, soror mea, sponsa mea !* — Ouvre, ô mon épouse, ô ma sœur*, je veux habiter dans ton cœur et l'emplir de tous mes bienfaits. »

Oui, ô Bien-Aimé, je vous recevrai souvent dans la communion sacramentelle, plus souvent encore dans la communion spirituelle, et, si vous daignez seconder les dispositions que cette méditation m'inspire, l'état de mon âme sera une communion perpétuelle avec vous, ô mon Créateur, ô mon Maître, ô mon Tout ! ! !

____

(1) *OEuvres de sainte Gertrude.*

Prière à sainte Thorette.

O Jésus, aliment des âmes, faîtes que par les mérites de la pieuse servante que vous avez si fréquemment admise à votre table sacrée, notre cœur soit toujours devant vous pénétré d'amour et de respect, et que, munis souvent ici-bas du pain des Forts, nous soyons un jour reçus dans les tabernacles éternels.

CANTIQUES
En l'honneur de sainte Thorette.

—

I.

SA VIE.

Une humble et sainte fille
A brillé parmi nous ;
Que dans chaque famille,
On l'invoque à genoux.

REFRAIN.

Enfants, chantez la gloire
De Thorette, en ce jour ;
Offrons, à sa mémoire,
Un cantique d'amour.

Fut-il jamais bergère
Plus parfaite en ces lieux ?
A Dieu seul voulait plaire
Son cœur, épris des cieux.
    Enfants, etc.

La brebis innocente
Lui prêchait la douceur,

Et son âme charmante
En rendait la candeur.
    Enfants, etc.

Avec quelle harmonie,
Au pied du Montcenoux,
Disait-elle à Marie
Un hymne des plus doux !
    Enfants, etc.

Et puis, à Villefranche,
Oh ! c'était avec feu,
Qu'au temple, le dimanche,
Elle priait son Dieu.
    Enfants, etc.

Peuple, en ce jour de fête,
A l'instar des élus,
 De la sage Thorette,
Exalte les vertus.
    Enfants, etc.

Viens avec confiance,
Auprès de son tombeau ;
Un rayon d'espérance,
Pour toi luira plus beau.
Enfants, chantez la gloire
De Thorette, en ce jour ;
Offrons, à sa mémoire,
Un cantique d'amour.

II.

PÉLERINAGE.

Air : Combien j'ai douce souvenance.

Il est un heureux ermitage,
Un vénéré pélerinage,
Où se traduit des cœurs pieux
    L'hommage :
Reçois, patronne de ces lieux,
    Nos vœux.

Ici, tout redit la victoire
Et proclame au loin la mémoire
De celle qui fut de ces champs
    La gloire :
Thorette, à toi nos plus touchants
    Accents !

Agenouillé dans ta chapelle,
Vierge aussi modeste que belle,
Je te serai toujours, toujours
    Fidèle,
Et près de toi seront trop courts
    Les jours.

Oh ! quand viendra l'heure bénie,
Où paraissant dans la patrie,
Je pourrai te voir, ô ma sœur
    Chérie,
Et goûter enfin le bonheur
    Du cœur !

III.

SES VERTUS.

De l'aimable et sainte bergère
Qui jadis parut dans nos champs,
Contemplons la vie exemplaire ,
Citons les exemples touchants.

REFRAIN.

A vous, immortelle Patronne,
Et notre amour et nos accents !
Le Ciel vous doit une couronne,
La terre vous doit son encens.

Avec l'aurore matinale
Son cœur pur s'ouvrait à l'amour,
Et sa piété virginale
Survivait au déclin du jour.
   A vous, etc.

Priez, ô fleur de Villefranche,
Car il est tant d'être maudits,
Dont jamais la soif ne s'étanche
Aux eaux vives du paradis.
   A vous, etc.

La douceur était son partage,
Jamais un mot rude et chagrin,
A sa voix angélique et sage ,
On se convertissait soudain.
   A vous, etc.

Comme elle était chaste et pudique !
Chacun en secret l'admirait :
Sa figure austère et mystique
D'un prophète était le portrait.
    A vous, etc.

Le pain des Cieux était sa vie,
L'oraison faisait son bonheur,
Elle aimait, imitait Marie :
C'était un ange de candeur.
    A vous, etc.

Dieu ne veut pas que la prière
Soit un obstacle à nos emplois :
Le lin de l'active bergère
Ne fut point oisif en ses doigts.
    A vous, etc.

Sublime était sa patience :
Dans ses dégoûts, dans ses douleurs,
Au Ciel était son espérance,
La croix ravivait ses langueurs.
    A vous, etc.

Que de grâces miraculeuses
Sa main répandit autrefois !
Des faveurs non moins précieuses
Nous viendront encore à sa voix.
    A vous, etc.

Peuples bénis de cette ville,
Vous que Thorette a secourus,
Suivez, suivez d'un pas agile
Les sentiers qu'elle a parcourus.
    A vous, etc.

Heureux qui l'aime et la vénère !
Heureux qui prie à son autel !
Sa main de sœur, son cœur de mère
Nous ouvriront un jour le Ciel.

A vous, immortelle Patronne,
Et notre amour et nos accents !
Le Ciel vous doit une couronne,
La terre vous doit son encens

IV.

PUISSANCE.

Elle est puissante, au séjour de la gloire,
L'humble bergère objet de nos amours.
Avec orgueil, publions sa victoire,
Et de son bras implorons le secours.

De toutes parts et nous cerne et nous presse
Un ennemi, terrible dans ses coups ;
Mais, vain péril ! au sein de la détresse,
Thorette est là pour nous secourir tous.

Sur la cité qui t'aime et te vénère,
O vierge, abaisse un regard protecteur,
Et que sans fin ton culte séculaire
Ait un autel vivant dans chaque cœur.

Bénis nos champs, écarte les orages,
Fais, à ton souffle, éclore nos moissons ;
Est-il un nom plus doux dans nos villages,
Plus saint, plus beau, plus fertile en leçons ?

Sois notre appui, bienveillante Thorette,
Pasteur, troupeau, nous sommes sous ta main.
Aux yeux de tous, ta bénigne houlette
Du vrai bercail montrera le chemin.

TABLE DES MATIÈRES.

FIN.

PUBLICATIONS
DU MÊME AUTEUR.

—

1° CHANTS DU CŒUR, 1 vol. in-18, approuvé par plusieurs archevêques et évêques. — C'est un recueil de morceaux lyriques pour toutes les solennités de l'année, les fêtes de la Sainte Vierge et les divers exercices des maisons d'éducation. Prix : 1 fr 50 c.

2° CAHIER DE MUSIQUE pour les Chants du Cœur, enfermant 50 airs à plusieurs voix, avec accompagnement d'orgue, piano, basson, par plusieurs artistes distingués, sous la direction de M. Plantade, père, ancien maître de chapelle du roi. 1 vol. in-f° ; prix : 5 fr.

3° MAUSOLÉE CHRÉTIEN, histoire et neuvaine des Saintes-Reliques de Chantelle. 1 vol. in-32, approuvé par Mgr. de Pons, évêque de Moulins, Prix : 60 c.

4° NOTICE HISTORIQUE SUR LE GÉNÉRAL DU GÉNIE MORIO, grand écuyer de la couronne de Westphalie ; brochure in-8°, prix : 1 fr.

5º UN ÉPISODE DES GUERRES DE RELIGION, ou Ruine de l'ancienne ville d'Ecole ; broch. in-8º, prix : 1 fr.

6º ABBAYE DE NEUFONTAINES, 1 vol. in-8º, prix : 2 fr.

7º SOUVENIR DE LA CHATELLENIE D'USSEL-EN-BOURBONNAIS, broch. in-8º, prix : 1 fr.

8º LES SEPT DORMANTS D'ÉBREUIL, broch. in-8º, prix : 1 fr.

SOUS PRESSE :

9º COUP-D'ŒIL HISTORIQUE , ARTISTIQUE ET PITTORESQUE SUR CHANTELLE-LE-CHATEAU ; 1 fort vol. in-4º, orné de planches et de gravures ; prix : 10 fr.; au profit de l'hospice cantonal de Chantelle.

Moulins.— Typ. de P.-A. Desrosiers et Fils.